Die allererste Wärme, die wir verspüren, ist die der Mutter, wenige Augenblicke nachdem wir geboren werden. Von diesem Gefühl wird es wohl herrühren, dass wir auch später Wärme mit Geborgenheit assoziieren – wenn wir aus der Kälte in einen behaglichen warmen Raum treten.

Sitzt man vor einem leeren Blatt Papier mit dem Auftrag (welch wunderbare Idee eines Unternehmens, sich zu seinem Geburtstag mit einem literarischen Werk zu beschenken!), ein Märchen über einen Hersteller von Heizkessel zu schreiben, so ist dies wie ein Stehen in eiskalter, windiger Nacht, eine für einen Märchendichter auf den ersten Blick äußerst schwierige Herausforderung, denn man kann und will ja nicht mit „Es war einmal ein Heizkessel..." beginnen, das wäre ja sehr einfallslos!

Bis dann dieses Bild des Neugeborenen auf der Brust seiner Mutter auftaucht, und dieses Bild mich sofort in einen behaglich warmen Raum führt. Schlagartig und mit einem Mal so logisch klar wird, wovon dieses Märchen handeln muss: von den Menschen, die nun nach und nach, zeitlupig langsam auftauchen, vom allerersten Ideenspender bis zum Schlosserlehrling, die eine letzte Schraube an einem Gehäuse anzieht. Und mir so logisch klar wird, dass das Bild dieses Märchens schon gespeichert wurde, als ich zum allerersten Mal das Firmengebäude betrat und mich sofort diese außergewöhnliche Atmosphäre umfing, die von den Menschen, die dort arbeiten, den Ideen und Intentionen, die dort verfolgt werden und selbst von den Wänden, von kleinen, scheinbar unbedeutenden Details ausstrahlen.

Diese Wärme, diese menschliche Wärme, die KWB umgibt, will ich mit „Der Baum des Lebens" materialisieren, will mit meiner Geschichte aufzeigen, dass ein Märchen eigentlich nichts anderes ist, als alles, was der Gewohnheit (und dass es eine Maschine schafft, Wärme in die Kälte zu zaubern, wird natürlich zu Alltäglichem gemacht...) zum Opfer zu fallen droht, zu retten, in dem man ihm Achtung und Aufmerksamkeit schenkt und damit das ursprünglich wunderbare, das wahrlich märchenhafte wieder hervorholt.

Denn wenn wir uns gemütlich im Sofa räkeln, während draußen der Wind eiskalt pfeift, „wärmt" uns eigentlich eine unglaubliche, unfassbare, milliardenjahrealte Geschichte, die nur tief in unserem Unterbewusstsein schlummert.

Mein Ziel war es, der scheinbar leblosen Heizung, die in einem Heizraum steht und unermüdlich und gewissenhaft ihren Dienst versieht, mit Hilfe der Fantasie eine menschliche Dimension zu schenken – um damit die zu ehren, die mit Schöpfertum, Qualitätsanspruch und harter Arbeit ihre Vision verwirklicht haben und täglich neu verwirklichen!

Folke Tegetthoff

„Du hast gut daran getan, mein Engel", sagt Gott, „mir gerade diesen Baum zu zeigen, denn er ist die Hoffnung, dass die Menschen noch imstande sind, den Geheimnissen der Schöpfung zu lauschen. Dieser Baum ist die Erkenntnis, das die Menschen ihre Weisheit und ihr Wissen dafür einzusetzen haben, dies Zusammenspiel aller Wunder, die in den Millionen und Abermillionen von Jahren erschaffen worden waren, zu verstehen und für sich und ihre Kindeskinder klug und mit Nachhaltigkeit zu nutzen.

So ist dieser Baum Beweis dafür, dass es ihn noch gibt, diesen letzten feinen Faden, der sie mit mir verbindet: Die Intuition, um hinzuhören, um zu erkennen und zu verstehen, dass er, der Baum es ist, der der Erde Energie fürs Leben schenkt!"

„Wir wurden immer mehr", rufen viele Stimmen aus der Krone. „Ein Ast nach dem anderen. Immer mehr verzweigt, doch selbst der letzte, dünnste von uns trägt noch die Kraft, trägt die Liebe und den Glauben an den richtigen Weg, den wir zu gehen haben, das wichtige Ziel, das vor uns liegt, in sich."

„Ich hatte es ja geträumt", lacht einer der Gesellen, „dass uns eines Tages eine warme Hand umhüllen wird – nun weiß ich es: Das seid ihr, dieser wunderbare Baum, der den Menschen seine Früchte gibt, dessen Samen der Wind in alle Richtungen trägt, um neue Bäume, neue Früchte wachsen zu lassen."

Die drei Gesellen blicken sich vergnügt an, was Bessres kann es gar
nicht geben, als bereits hier den Weg zu beginnen.
„Ich war damals der erste fingerdicke Zweig, der aus der Wurzel,
aus der Erde spross", fährt nun eines der Gesichter auf der Rinde
fort, „und ich habe mich weder durch Schnee und Kälte, noch durch
Sturm und Hitze aufhalten lassen, weil ich wusste, dass eines Tages
aus der gemeinsamen Arbeit dieser starke Baum entstehen wird."
„Und dann bin ich gekommen", sagt ein Dritter, „die ersten Blätter.
Die ersten Blüten. Und dann – die erste Frucht! Was war das für ein
Augenblick voll Stolz und Freude!"

Gerade als sie die ersten Schritt tun wollen, halten sie inne, wissen nicht warum, ahnen, spüren nur, es hat etwas mit diesem Baum zu tun, der ihnen bis vor Augenblicken nichts als Schattenspender, Ruhekissen, Blätterdecke war und der sie nun plötzlich wie mit unsichtbarer Hand gefangen hält. Jetzt beginnt er mit einem Mal gespenstisch langsam sich zu wandeln, als würde er lebendig werden wollen. Werden mit einem Mal wie durch einen Zauberstab die Äste zu Händen und zu Armen, wird auf der Rinde ein Gesicht, dann noch eins sichtbar. Nun dringt auch eine Stimme aus der Erde, von dort wo seine Wurzeln verborgen liegen: „Wundert euch nicht, aber ihr drei Gesellen habt nicht von ungefähr unter diesem Baum verweilt. Tausende Male habe ich mir über jedes eurer Teile mein Gehirn gemartert, habe euch in Zahlen zerlegt, addiert, euch in Quadratwurzeln geteilt, doch wäre das Ergebnis wiederum nur eine Summe aus Zahlen, wären da nicht auch meine Liebe und mein Glaube, der euch zu den Gesellen verzaubert hat, die nun hier vor uns stehen. Ich habe euch gerufen, ihr seid gekommen und nun werden wir gemeinsam in die Zukunft gehen."

„Wo ist der Mensch", ruft er - und sieht wie ein Herz, das nicht mehr schlagen will, gegen ein anderes ausgetauscht wird - und Gott schließt seine Augen, „Aber es war doch ...", erinnert er sich, „gerade eben noch dies nackte Menschlein, das ich bat, mein Paradies zu hüten, mein Paradies."

„He, mein lieber Gott", setzt sich der Weltenengel neben seinen Herrn, „DU bist doch die Hoffnung. DU bist doch das Paradies! Zugegeben, die Menschen haben viel Mist gebaut, aber andrerseits sind sie auch wirklich sehr gut drauf! Es wäre schade aufzugeben, ihnen womöglich wieder eine Sintflut zu schicken, um mit all der Sünde aufzuräumen, wo es doch so viele gibt, die dafür kämpfen, diesen Traum vom Paradies nicht untergehen zu lassen. Es ist nicht zu spät, es sind gerade mal 1994 Jahre vergangen seit dem Neubeginn da unten - ich werde es dir beweisen! Steck deinen Finger, den berühmten Fingerzeig Gottes, irgendwohin und du wirst es erleben!"

Das Lied des Vogels auf dem Baum wird immer lauter, bis die drei Gesellen sich endlich die Augen reiben, ihre Glieder strecken und sich nach ihrem kurzen Schlaf erheben.
„Du sollst uns wohl wecken", rufen sie dem Tierchen zu, „wer hat dich denn geschickt?!" und lachen.
„Aber der Vogel hat recht, wir sollten wirklich los marschieren", sagt die Kraft.
„Ja", nickt die Wärme, „denn man wartet sicher schon auf uns."
„Ich kann es kaum erwarten", lacht die Biomasse, „denn nun ist unsere Zeit gekommen, den Menschen einen neuen Weg zu weisen."

„Ja, es gibt sie immer wieder, Söhne und Töchter. Aber du musst es anders sehen", beschwichtigt der Engel seinen Chef, „Sie haben sich selbst mit etwas wahrlich Göttlichem beschenkt: mit dem Glauben! Mit dessen Hilfe sie dich auf Erden haben lebendig werden lassen – sie haben ja keine Ahnung von deiner Existenz!"

Ein Vogel hat sich auf dem Baum niedergelassen und beginnt sein Lied. Schon streckt sich einer der Gesellen, der andere dreht sich grummelnd auf die Seite und der dritte träumt noch schnell von einem Stern, dem er im Traume folgt in eine Zukunft, die ihn wie eine warme Hand umhüllt.

Nun rast die Zeit, Gott kann dem Treiben kaum folgen, kein Wunder ist er doch völlig andere Dimensionen von Zeitenschritten gewöhnt, war doch bis vor kurzem noch ein Wimpernschlag das Maß für hunderttausend Jahre – kaum, dass sich ein stolzes Lächeln über die Geburt dieses Sohnes auf sein Gesicht gelegt hat, sieht er ihn auch schon wieder sterben, sieht Kriege, die in seinem Namen unzählige Tote auf den Schlachtfeldern hinterlassen, sieht wie seine Menschen durch die von ihm geschenkte Schöpferkraft die wunderbarsten Werke vollbringen, sieht das erste von einer Maschine gedruckte Buch mit Worten, die so klug, so weise sind, als wären sie von ihm erdacht - immer schneller drehen sich die Uhren, schon sinkt Gott erschöpft auf den Thron - sieht wie Stimmen durch einen Draht von einem Ort zum anderen gesendet werden, sieht Maschinen, dampfend, schnaubend, mit nie zuvor gekannter Kraft - „Hilf mir, Engel", ruft er - sieht Kriege, Tote, Häuser, die in den Himmel zu wachsen scheinen - „Mir schwindelt", ruft er - sieht bewegte Bilder, die jeden Ort der Welt erreichen - „So haltet doch inne", ruft er - sieht eiserne Vögel übers Meer fliegen, tausende von Kilometern, und in einer fernen Stadt zu einem Zeitpunkt ankommen, der vor dem liegt, zu dem sie weggeflogen waren - „Hört mich denn keiner", ruft er - und sieht den silbern glänzenden Herrscher, der unerbittlich sein Netz um die gelegt, die ihn erdacht, erschaffen haben -

Unmögliches ermöglichen. Ihm ist gelungen den Boden in einen Acker zu verwandeln und sich damit Gottes Schöpfung gleich zu setzen: Lebendiges, ob Pflanze oder Tier, neu, anders, besser zu erschaffen. Sein Geist hat es ihm ermöglicht, seine Gedanken und Gefühle in Worte zu fassen, sie anderen mitzuteilen, in Zeichen, in Lauten, in Gesängen und mit Tanz.

Noch schlummern unsere drei Gesellen unter dem Baum, knapp 2000 Jahre noch bis sie erwachen, um den Traum ihrer Ahnen fortzusetzen.

Gott murmelt: „Wie ist das möglich, dass ich all dies nicht vorausgesehen habe?"
„Es ist noch lange nicht zu Ende", fährt der Weltenengel fort. „Darf ich deinen Blick auf dieses Bild dort lenken?" Und er zeigt auf ein Land, auf ein Dorf, eine Hütte, der sich gerade eine kleine Gruppe nähert. „Und?", fragt Gott.
„In ein paar Minuten wird dort wieder eines deiner Kinder geboren!"
„Ein Kind?! MEIN Kind?!?", schreit Gott und springt aus seinem Thron. „Soweit reicht meine Erinnerung, ganz genau zu wissen, welch nette Idee ich den Menschen für ihre Fortpflanzung schenkte. Und meine Erinnerung reicht auch soweit, ganz genau zu wissen, dass ich niemals…
He, und sagtest Du Kinder? Gibt es denn noch mehr davon?"

Der Engel, verantwortlich für alle Allumweltfragen, versucht Gott zu wecken. Zuerst zaghaft, dann heftiger, bis er endlich seine Augen aufschlägt und, wegen des unsanften Herausholens aus süßen Träumen, aus dem Thron hochfährt: „Ist was passiert?! Eine Sonne explodiert? Wieder eines dieser blöden schwarzen Löcher aufgetaucht?!"

„Nein, Gott, nichts von all dem", beruhigt ihn der Engel, „es geht wieder einmal um..." - und er deutet auf die Erde, die sich unschuldig durch das All dreht. „Du hast ungefähr 158.000 Jahre geschlafen und währenddessen hat sich da unten ein bisschen etwas verändert." „Verändert?", fragt Gott ungläubig. „Wie kann sich etwas verändern ohne mein Zutun?" „Das Ding, das du geschaffen, der Mensch, dem du Schöpfungskraft und Verstand verliehen hast, hat deine Gaben genützt. Ich würde sagen: Mehr als genützt, hat Unglaubliches geleistet. Du solltest dir das ansehen, dein Mensch hat es geschafft, in nur 150.000 Jahren mehr zu verändern, als du in 1 Milliarde Jahren... Und die schöpferische Kraft des Menschen hat die Zeit dort unten so beschleunigt, dass du es dir nicht mehr erlauben wirst können, noch einmal für ein paar hunderttausend Jahre ein Nickerchen zu halten ..."

Erstaunt von dem, was er da gerade gehört, schaut Gott auf seine Erde. Was er da sieht, verschlägt ihm wahrhaftig den Atem – und das sagt wohl einiges!
Der Mensch, sein Ebenbild, dem er den Auftrag gegeben hatte, das Meer und das Land, Wind und Sonne, das im Inneren Schlummernde und an der Oberfläche Blühende zu verwalten, zu umsorgen und zu pflegen, hat sich die Erde durch seine Fantasie und seine Klugheit zum Untertan gemacht. Alles, was wächst und blüht, wird zu seinem Nutzen verwendet. Tiere werden zu Beute, Werkzeug und Freund gewandelt. Er hat die Macht und die Kraft des Feuers entdeckt und es zu einer Waffe gemacht, die ihn über alle andere Schöpfung hinweg hebt. Der Mensch versteht seine Schwächen durch Werkzeuge auszugleichen, die ihm schier

Es waren einmal ein K, ein W und ein B, die trafen sich, um in die weite Welt zu wandern. Als sie an einem Baum vorüber kamen, dachten sie, es wäre Zeit für eine kurze Rast, legten sich darunter, schlossen genüsslich ihre Augen und fielen sofort in ein tiefes Nickerchen.

Nichts davon ahnend, dass das Märchen im Dickicht der Blätter lauerte, ihnen mit Hilfe seines Bruders, des Traumes, zu erzählen, wie alles beginnen wird. Denn nun haben endlich alle Bestandteile, die Erde, der Baum und der Mensch Platz genommen und liegen nur noch lächerliche 160.000 Jahre vor uns, bis wir im Heute angekommen sein werden ...

„Aber – du bist doch Gott!", ruft der Weltenengel entsetzt,
„du bist der Schöpfer. Nichts auf der Erde verfügt über
diese unermesslichen Kräfte, die dich all das haben erschaffen lassen. Nur du..." - Bevor der Engel weiter sprechen
kann, nimmt Gott mit zwei Pinzettenfingern das erste
Menschlein, das dort unten fröhlich herumtapst und hält
es sich knapp vor sein Gesicht: „Ich verleihe dir Schöpferkraft" – und er haucht ihm Fantasie und Kreativität ein.
„Ich schenke dir Liebe und Güte" - und er haucht ihm eine
Seele und Gefühle ein. „Und du sollst um deine Sterblichkeit
wissen und sollst von heute an Verantwortung übernehmen"
– und er haucht dem Menschen den Verstand, die Fähigkeit zu
denken, zu ordnen und zu lenken ein.
Angestrengt von solch harter Arbeit räkelt sich Gott zufrieden auf dem
Himmelsthron, schließt genüsslich seine Augen und fällt sofort wieder in ein
tiefes Nickerchen.

Dann muss irgendwann etwas geschehen sein, was alle Ordnung, allen Plan völlig durcheinander bringt. Da in den Himmelsakten darüber nichts geschrieben steht (wie seltsam, da doch sonst alles genauestens vermerkt ist...), gibt es nur Vermutungen darüber, was sich damals abgespielt hat.

Vielleicht war Gott für ein paar tausend Jahre kurz eingenickt, auf jeden Fall wird er vom entsetzten Aufschrei des Weltenengels aufge-schreckt. „Was ist denn das?!?"

Gott schaut verwirrt, was sich da auf der Erde zwischen Pflanzen und Tieren ganz unbekümmert bewegt. Es scheint tatsächlich völlig neu dorthin gekommen zu sein, bei seinem letzten Hinschauen war es auf jeden Fall noch nicht da gewesen. Ein bisschen peinlich berührt, wie schon damals als die blaue Kugel plötzlich und unerklärlich und ganz ohne sein Zutun geschaffen worden war, nickt er und sagt knapp: „Ach du meinst das da - das ist mal so zwischendurch entstanden und heißt Mensch. Ich dachte mir, Bäume sind Bäume und Tiere Tiere, ich wollte dort unten etwas haben, was mir zum Ebenbilde ist. So was wie'n Vertreter. Ja, ein Vertreter, der für mich dort nach dem Rechten sieht, ich kann mich wirklich nicht mehr selbst um alles kümmern."

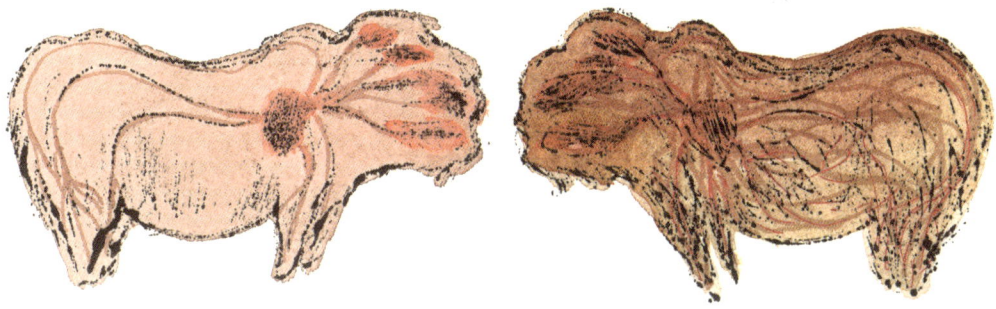

Wieder vergehen Millionen von Jahren, nicht wahrgenommen, weil noch nichts und niemand da ist, sie zu messen. Jahre des Wachsens, der Veränderung bis zu dem Tag, an dem Gott und seine Engelschar etwas Neues sehen, entdecken: Da bewegt sich etwas, es sind nicht die Wellen des Meeres, die stetig Felsen höhlen und Blätter transportieren, es ist nicht der Wind, der Gräser, Bäume tanzen lässt, auch nicht das langsam Vergängliche der Pflanzen, es ist eine völlig andere, neue Bewegung, die der Erde ein neues Antlitz geben wird: Ist es zu Beginn winzigkleines, kaum sichtbares Leben, das sich im Wasser tummelt, so braucht es nur hunderttausende von Jahren bis diese auch das Land erobert haben, hunderttausende von Jahren bis sie schon so gewachsen sind, dass sie Spuren im Sand hinterlassen und hunderttausende von Jahren bis sie als Giganten durch die Lüfte segeln und über Wiesen und durch Wälder jagen: Tiere sind die neuen Gäste auf der Erde!

So schwer zu fassen, so schwer zu verstehen sind die Dimensionen, in denen sich der Zeitenlauf bewegt, die für Gott nur ein paar Augenblicke bedeuten ...

Freudig taucht er seinen Finger in das Wasser der Meere und nickt zufrieden: „Schon fast perfekte Badetemperatur!"

Mit einem Handschlenkerer holt er sich eine Brise von der Erde, die er tief einatmet und sagt:

„Und diese Luft - riecht schon richtig gesund!"

Seine Finger lässt er über Wiesen und Steppen, durch Urwälder und Sümpfe laufen und jubiliert: „So weich und zart, welch Augenweide!"

Und natürlich das, worauf er besonders stolz ist: seine Bäume. Für jeden Teil der Erde, für jede Höhe und jede Tiefe, wo viel Licht und wo viel Schatten hinfällt, für heiße Meeresküsten und unwirtliche Gebirge waren unterschiedlichste Bäume gewachsen, die aber allesamt durch diese wundersame Fähigkeit, aus den Strahlen der Sonne Kraft zum Leben zu gewinnen, miteinander verbunden sind.

warum die drei sich zusammenfinden werden ihr wunderbares Werk zu vollbringen, wartet schon ungeduldig darauf, in die Geschichte einzutreten. Und Dank des Mär- chens, das losgelöst ist von Zeit und Raum, sind wir nicht mehr so weit vom Heute entfernt, wenn Gottes Hand nun gleich ein paar weitere Steinchen in das Weltenpuzzle setzt...

Sehr zufrieden sitzt Gott auf dem Himmelsthron und beobachtet, wie auf seinem Lieblings- spielzeug Erde alles wie von alleine seinen Lauf zu nehmen scheint.
 „Um meiner Willen, das ist alles echt gut gelungen!"

„Liebe Engel, darf ich vorstellen: der neue Star des Universums – der Baum!"

Ein Wink des Regisseurs und die wie leblos scheinenden Arme des Baumes beginnen sich in sattes Grün zu färben: „Blätter!"

Wieder ein kleiner Wink und zwischen diesen unzähligen Blättern erscheinen tausende von leuchtenden Punkten: „Blüten!"

Noch nicht genug des Spieles wechseln auf einen Fingerzeig Augenblicke später die Blüten ihre Form und ihre Farbe und werden: „Früchte!"

Die eine Sekunde später in das Handtheater kollern, denn er hat noch einmal ein Zeichen gesetzt, das alles Grün hat braun werden lassen und nur eine weitere Sekunde später hat dieses Braun die Handfläche Gottes wie einen Teppich übersät, und der Baum steht da mit seinen scheinbar leblosen Ästen - bis das Spiel wieder von vorne beginnt.

„Und wenn Du mit dem Staunen fertig bist, Allumweltengel", sagt Gott wie beiläufig, „notiere bitte in den Akten, dass wir dem grünen Meer den Namen WALD gegeben haben."

Die Geschichte, die uns ganz an den Anfang der drei Gesellen geführt hat, ist nun vor 300 Millionen Jahren angekommen – wir erzählen den Dreien lieber nichts davon, um sie nicht noch mehr zu verwirren, dass wir bereits 12,7 Milliarden Jahre damit hinter uns gelassen haben... Jetzt liegen fast alle Bestandteile für das Märchen unter dem Baum bereit, der wichtigste jedoch, der Grund

Gott atmet tief ein, um sich Kraft für den nächsten Akt zu holen. Etwas Ungeheuerliches, noch nie zuvor im Universum Dagewesenes soll nun geschaffen werden. War alles, was bisher geschehen war, der Knall, der die Kugel hat entstehen, die Spirale, die alles hat lebendig werden lassen, ohne sein Zutun abgelaufen, so will er nun seine Fantasie, seine ganze Schöpferkraft beweisen.

Gott atmet aus. Haucht seinen Atem auf die Erde. Dieser Hauch ist so zart, so liebevoll, so fürsorglich warmherzig, als wolle er dies Besondere, dies Wertvolle auf seinem Weg nicht unnötigen Gefahren aussetzen, dass es wohl gut dort ankomme, wo es seinen Platz einzunehmen haben wird. Dieser Hauch ist so ganz anders als der Sturm es gewesen war bei der Erschaffung des Universums, der Sonnen und der glitzernden Milchstraßen.

Während alles im Universum weiter seinen gewohnten Gang geht, starren die Engel auf die Erde und sehen, dass sich neben dem blauen Meer des Wassers ein anderes Meer, ein grünes, über weite Flächen ausgebreitet hat.
„Ist es nicht fantastisch!", ruft Gott voll Freude. „Im Zusammenspiel von Erde, Sonne, Regen wurde dieses Meer erschaffen, für ein ganz besonderes Ziel: Der Erde den Atem, den sie zum Leben braucht, zu schenken. Kommt näher, damit ich es euch zeigen kann!"
Aus der grünen Fläche holt Gott mit zwei Pinzettenfingern eines der Dinger hervor und setzt es in seine Hand als wär' sie ein Theater, in dem nun ein Schauspiel aufgeführt werden soll.

im Zusammenspiel von Sonnenstrahlen und blauer Kugel, dort unten Magisches passiert: Aus dem Schwarz, aus dem Nichts, aus der Stille wird... das LEBEN geboren! Als würden zur gleichen Zeit Millionen Explosionen an jedem noch so kleinen Punkt passieren, zieht es sich wie ein Netz um den Planeten, rast voran, alles, jedes Staubkorn, jeder Wassertropfen wird umschlungen und hineingezogen in die irrwitzig machtvolle Spirale, die LEBEN heißt und unauslöschlich, unaufhaltsam für immer Besitz von dem blauen Ding ergreifen wird.

„Äh, warst DU das?", fragt der Engel völlig baff, was sich da innerhalb eines Wimpernschlages vor seinen Augen abgespielt hat.
„Naja, wie soll ich's dir erklären, nicht bewusst, nicht geplant, ich hatte nicht darüber nachgedacht. Sagen wir einfach so, ich habe es geschehen lassen."
Sehr zufrieden mit sich (und wenn wir ehrlich sind, selbst ein bisschen verwirrt über die Geschehnisse, die überraschend und unvorhersehbar über ihn hereingebrochen waren...) setzt Gott sich auf seinen Thron und ruft: „Übrigens, jetzt fällt es mir gerade wieder ein, notiere bitte für die Himmelsakte: Das Ding soll Erde heißen!"

Nun, für zwei von den drei Gesellen unter dem Baum, hat an diesem Punkt der Geschichte die Zukunft schon begonnen, die bis zum heutigen Tag seit Millionen und Abermillionen Jahren fast unverändert abläuft. Und wenn Gott nun gleich tief einatmen wird, um sich Kraft für den nächsten Akt zu holen, wird der Engel dies als Geburtsstunde des dritten Gesellen vermerken ...

Wenn ihr euch nun fragt, was diese nicht gerade appetitliche Geschichte mit den Dreien, über die wir doch ein Märchen erzählen wollen, zu tun hat, so will ich euch erstens sagen, dass wir doch ganz an den Anfang wollten und zweitens, dass wohl noch niemals zuvor so kurz, so klar und so einleuchtend logisch erzählt worden war, wie Kohle, Öl und Gas auf unsere Erde kamen...

In dem Augenblick, als mit einem eleganten Wink der letzte Gestank von der blauen Kugel verjagt worden ist, kommt der für Allumweltfragen verantwortliche Engel herangejagt und fragt, als er das blaue Kügelchen entdeckt, „Was ist denn das?!"

„Keine Ahnung", antwortet Gott etwas kleinlaut, weil ihm das Ganze ein bisschen peinlich ist. „Ich bin von einem Knall erwacht, da war es da und ich musste niesen und... – habe aber alles wieder sauber gemacht!"

Der Engel betrachtet den neuen Planeten von allen Seiten und ist entzückt: „Das ist dir wirklich gut gelungen, ich würde sogar sagen, das Schönste bisher überhaupt!" Übermütig und nichts ahnend welche Folgen dies für alle Schöpfung haben wird, gibt er der Kugel einen Schubs, die sich zu drehen beginnt und genau dort zu stehen kommt, wo das Scheinwerferlicht der Sonne sie erfasst.

Die beiden, Gott und Engel, schauen noch verzückt auf das, was sich da tut, als plötzlich (was „plötzlich" in der Unendlichkeit des Himmels bedeutet, könnt ihr erahnen...),

Daraufhin erhebt sich Gott von seinem Thron, um besser zu sehen, was da vor sich geht, und im Aufstehen wird ein gewaltiger Wind entfacht, der nur kurz überlegt sich im Sonnensystem zu verflüchtigen, sich dann aber doch entschließt, den Nasen-bären zu folgen und sich ebenfalls auf der blauen Kugel niederzulassen.

Neugierig nimmt Gott nun das Kügelchen zwischen zwei Finger es genauer zu betrachten und sieht, dass das Ding auch ohne sein Zutun recht hübsch geworden scheint, viel blaues Wasser und dazwischen Land, geformt aus Steinen, die aussehen als wären sie zu Silvester Blei gegossen worden.

Gestört wird diese Idylle, das erkennt der alte Herr sofort, durch das von ihm produzierte Zeug, das überall herumhängt. Was tun? Kurz überlegt er, dann lässt er zwei Finger schnipsen und alles, was die Schönheit dieser Schöpfung stört, ist unsichtbar im Inneren der Kugel verschwunden.

juckt und ein gewaltiges Niesen ist die Folge. Was daraufhin aus Gottes gewaltigen Nasenlöchern schießt, sind nicht gerade die feinsten Dinge, eben Dinge, die Nasen eben so produzieren: Braunes, Schwarzes, Flüssiges, Festes. Dinge, die jetzt durch den Weltenraum schwirren und da gerade nichts Anderes in der Nähe ist, sich auf dem blauen Kügelchen festsetzen.

Die Geschichte der drei Gesellen ist ein gutes Beispiel dafür. So könnte ihr Märchen beginnen: Es waren einmal ein K, ein W und ein B. Die trafen sich, um in die weite Welt zu wandern. Als sie an einem Baum vorüber kamen, dachten sie, es wäre Zeit für eine kurze Rast und legten sich ...

Aber dieses Märchen so anzufangen, wäre seltsam, denn – die Geschichte der Drei IST bereits ein wahr gewordenes Märchen. Da braucht nichts erfunden zu werden, nichts gäbe es hinzuzufügen, es gibt Helden, es gibt ihre Taten und es gibt ein herrliches Happy End, das wir heute, das wir in diesem Augenblick feiern.

Aber nützen wir doch die Zauberkräfte des Märchens und versuchen mit seiner Hilfe einen Blick dorthin zu wagen, wo die märchenhafte Geschichte der Drei seinen Anfang nahm ...

Ja, die Geschichte, die ich euch erzählen will, beginnt vor langer, vor sehr langer Zeit. Sie beginnt in dem Augenblick, als Gott durch einen Knall, einen schrecklich lauten Knall geweckt wird. Während er sich noch verschlafen die Augen reibt, sieht er mit einem Mal ein blaues Kügelchen vor seiner Nase herumschwirren. Das kitzelt, und das Näschen

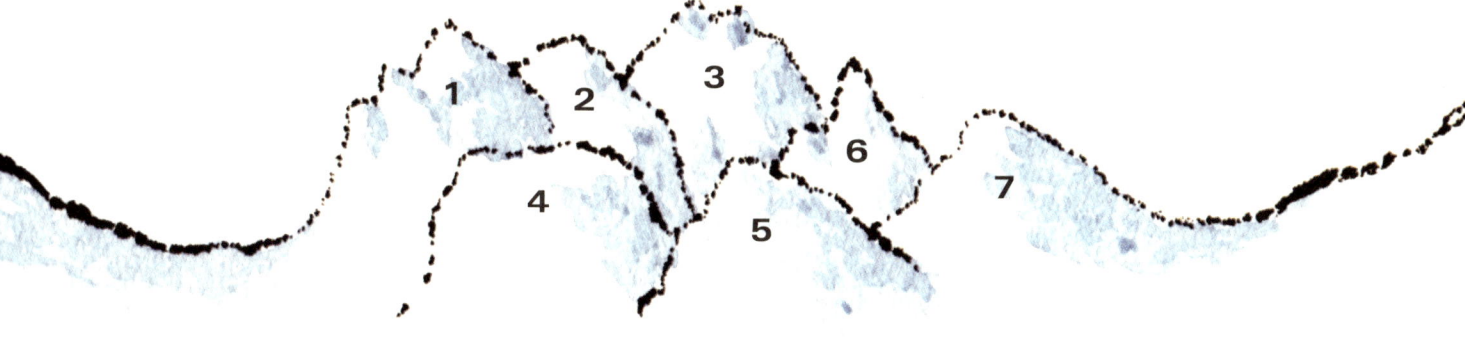

Wenn das Märchen die Wirklichkeit in seine bunten Arme nimmt, erwachen mit einem Mal durch seine Zauberhand die unendlich vielen Teile aus denen sich das Ganze zusammensetzt, wird Unsichtbares sichtbar und beginnt der Klang, der allem innewohnt, wie von allein in uns zu schwingen: Die Wiese wird zu einem Wunderwerk aus tausendfach Lebendigem, die Nächstenliebe wandelt sich zu einer Tat und ein einziges Wort schafft es, ein unfassbares Universum zu erklären.

Weil jedoch der Nebel der Gewohnheit die Wiese, das Gefühl, das Wort und alles andere, was uns im Leben begegnet, verhüllt, vertrauen wir dem Märchen, dass es mit Hilfe der Zauberstäbe seiner Feen und Kobolde, der Elfen und der Boskabauter ein neues, anderes, wunderbares Licht über unseren Alltag werfen wird.

KWB
Biomasseheizungen

Herausgegeben von KWB – Kraft und Wärme aus Biomasse GmbH
Industriestraße 235
8321 St. Margarethen an der Raab
Österreich

© 2009 KWB – Kraft und Wärme aus Biomasse GmbH
www.kwb.at

Alle Rechte, insbesondere das Recht der Vervielfältigung
und Verbreitung sowie des auszugsweisen Abdrucks und das
der fotomechanischen Wiedergabe, vorbehalten.

Text: Folke Tegetthoff
Illustrationen: László Varvasovszky
Grafische Gestaltung: Jörg Ide
Schrift: Bodoni und Gill Sans
Druck und Bindung: Styria Printshop Druck GmbH, Graz

ISBN 978-3-200-01478-7

DER BAUM DES LEBENS

Geschichte von Folke Tegetthoff
Illustration von László Varvasovszky